超訳

イエスの言葉

THE WORDS OF JESUS

エッセンシャル版

白取春彦 編訳

Discover
ディスカヴァー

はじめに

ここにいる人間としてのイエスの言葉

本書は、信仰の本ではない。キリスト教の本でもない。聖書を数十年かけて読んでいる人ならば、そのことがすぐにわかるだろう。

ただ、イエスという一人の男が口にした言葉を書いてある。もちろん、その言葉の一部はキリスト教が聖典と認める新約聖書に記されている。

ただし、本書にあるイエスの言葉は新約聖書につづられたままではない。つまり、いわゆる「超訳《ちょうやく》」されている。しかも、私自身による解釈をメインにしたという意味での超訳なのだ。

その意味で、本書は私を通して語られたイエスの言葉でもある。だから、私自身の聖書解釈が濃く滲《にじ》んでいることをまずことわっておく。また、イエスが現代の若者に対してならばどう語るだろうかというふうに編訳してもいる。

そういうわけだから当然のことながら、カトリック教会やプロテスタント系の教会側からすれば、本書は新しい異端《いたん》でしかないだろう。だが、異端とはいったい何か。異端とは正統や伝統に沿っていないということだ。言い換えれば、「既存の組織宗教を支える神学の枠内ではない」という意味しか持っていない。

では、正統と自称する組織宗教において、人は実際に救われてきたのか。この2000年の歴史において、平和をつくってきたのか。あるいは、組織宗教はこれまでの戦争や殺戮《さつりく》や暴力を渾身《こんしん》で阻止してきたのか。

18世紀から19世紀に生きた詩人ゲーテは、訪ねてきたイギリスの僧正《そうじょう》ブリストル卿《きょう》に面と向かって、政治家や宗教家がいかに多くの人々を悲しませ、殺してきたかということについて辛辣《しんらつ》にこう述べている。
「彼らは、たった一回の戦争で十万人を戦場へ送り、そのうちの八万人を殺し合いで死なせ、殺人や放火や略奪へと双方を駆りたてております。あなたがたは、こういう暴虐の後で神に感謝を捧げ、賛美歌を歌っていますね。さらに、あなたがたは、地獄の罰の怖ろしさを説教して、ご自分の教区のか弱い人びとを不安におとし入れておられる」(『ゲーテとの対話』山下肇訳　岩波文庫)

このように宗教者を批判するゲーテの宗教観は彼の詩「神と心情と世界」に明瞭《めいりょう》に表れている。その詩の内容をまとめれば次のようなものだ。
「自分が知る最善の人間の在り方を、神と呼ぶ。しかも、それをこそ自分の神とする」

ゲーテは聖書を知らずにこのような宗教観に達したのではない。聖書を深く読み、さまざまなことを経験し、多く学んだうえでの宗教観である。

その意味では、カント、ショーペンハウアー、ニーチェ、ヤスパースといった哲学者たちも同じだった。現代に生きている有名な論客で『神の歴史』を著したカレン・アームストロングもそうである。

あたりまえのことだが、宗教が価値あるものであり、大切なのではない。宗教だけが世界と人間についての秘密を知っているのではない。どんな場合でも大切なのは、個々人の生と命なのだ。そして神秘的なのは、宗教ではなく人間自身なのである。

本書はそういう姿勢を中心にして訳されている。

イエスとはどういう人だったか

今から2000年くらい前に、ローマ帝国の属州《ぞくしゅう》となっていた中東パレスチナ地方にユダヤ教徒住民として暮らしていたある一人の男性が政治犯として訴えられ、当時の重罪人用のローマ式十字架刑に処された。

イエスという、当時にはありふれた名前で呼ばれていたその人が死んでから、ナザレの大工の息子だったあのイエスは神の子であったという見方がどんどん広まり、それが約100年で拡大してキリスト教となった。

イエスの死後十数年後から、イエスの言動やイエスの周囲にいた人々について文書が記され始め、紀元150年頃までには今では新約聖書と呼ばれている文書の集成ができたとされている。新約聖書の文書が決定されたのは紀元397年である。

イエス・キリストという言い方は人名ではなく、キリスト教における特別な言い方であり、「救世主イエス」という意味である。

そもそも救世主とは、自国を失っていたユダヤ教徒のために「新しい国を創り、その国王となる人」という意味であった。ところが今では、「魂を救う神の子」という意味で使われることのほうが圧倒的に多い。

しかし、それはもちろんキリスト教神学に沿う場合での意味合いである。ユダヤ教から見れば、イエスは神の子でもないし、救世主でもないとされる。

神の子かどうかはともかく、イエスという人物は確かに実在していたと考えられている。ユダヤ教やキリスト教と関係のない歴史書、たとえばタキトゥスの『年代記』や個人の手紙などにもこの人物が十字架刑に処されたことが短く記されている。

19世紀の哲学者フリードリッヒ・ニーチェは、イエスを字義《じぎ》どおりの意味での神の子とは見ていない。しかしながら、著書『反キリスト者』の中でイエスの言動に対して深い理解を示している。ニーチェにとって、〝イエスはキリスト教という新しい宗教を創設したのではなく、貧しい人たちに自分の生き方を見せてまわった人〟に映っているのだ。

ニーチェによれば、イエスというこの特異な人は「最も内なるものについてのみ語る。〝生命〟ないしは〝真理〟ないしは〝光〟とは、この最も内なるものをあらわす彼の言葉」なのである。そして、天国は死後に往く場所でも、神が住む場所でもない。天国は、「現にあり、初めからあり、いわば精神的なもののうちへと後退した子供らしさである」。

だからイエスは、「神の国はあなたがたの中にある」（ルカによる福音書17・21）と言ったのである。したがって神の国とは、それぞれ個人における「心での経験」なのである。（『反キリスト者』原佑訳）

それにしても、イエスはいったい何をした人なのか。新約聖書にある通り、主にガリラヤ地方で貧しい人々にやさしく接していた人であると私は思う。

ところで、この場合の「貧しい」という形容は、現代の私たちの使う「貧しい」という意味をも含みつつも、もっと範囲が広い。

当時のユダヤ教社会にあって、貧しいのは神から恵まれていないということを意味していた。〝なぜ恵まれないのか。本人が罪を犯しているからである。ユダヤ教の法律である律法に反した生き方をしているから恵まれないのだ〟と判断されるのが当時の常識だった。

だから、貧しい人は同時に罪人《つみびと》であった。新約聖書の中に頻繁《ひんぱん》に出てくる「貧しい人」や「罪人」という呼び名はその意味なのである。

そういう人々と関わっているイエス自身も罪人と見られた。しかも彼は律法を無視するようなことをも言うので、体制側から見れば危険人物と映ったのである。

当時のユダヤ教社会を導いていた613項目の律法はユダヤ教徒のアイデンティティそのものでありながらも、生活をがんじがらめに縛《しば》るものでもあった。

たとえば、金曜日の日没から土曜日の日没までの聖なる安息日には絶対に労力を使ってはならなかった。火をおこしてもならないし、耕《たがや》してもならない。遠くまで出歩いてもならない。したがって、病気になっても薬を与えることができない。薬の粉を挽《ひ》く行為すら労働とみなされるからだ。

しかしイエスは安息日であろうともかまわずに遠くまで歩いて行って病人の治癒《ちゆ》にあたったし、空腹に耐えかねた周囲の人が麦の穂を摘んで食べるのをとがめなかった。律法からすれば、それは収穫という罪にあたるのだった。

イエスは「人が律法のためにあるのではなく、人のためにこそ律法がある」と述べるばかりではなく、そのことを堂々と実践《じっせん》した。いわゆる人間主義だった。その点で、紀元前5世紀の厳しいカースト制度社会において身分階層や男女に関係なく平等に接して生きたゴータマ・シッダールタ（いわゆるブッダ）と似ている。

その場にいる生身《なまみ》の人間とその人の事情をもっとも大切にするという一貫したこの態度は簡単そうに見えて存外に難しい。たいがいの人の態度は、利害や損得の計算、欲望、そのつどの感情や気分などに大きく左右されているからだ。

当時の人々もそうだった。口では「シャーローム（なんじに平安あれ）」と日に幾度《いくど》も挨拶《あいさつ》しておきながら、ローマ帝国に支配されて人頭税《じんとうぜい》を含む重税に苦しんでいた彼らの心に平安は少なかった。そんな時代に愛と赦《ゆる》しによる平安を説く30歳前後の男が昂然《こうぜん》と現れた。それがイエスだった。

イエスは「非を責めたり罰したりするのではなく、相手を赦《ゆる》せ」と教え、さらには「敵をも愛せ」と告げた。これは当時にあってはあまりにも非常識な教えだった。しかし、あらゆる争いと諍《いさか》いを解消し、それぞれの心を平安にするにはイエスは愛しかないと思っていたのだった。

イエスは死刑に処されるときでも自分の心が従容《しょうよう》として平安に充ちている

ことを態度で示した。しかし、イエスが死の間際に「神よ、神よ、なぜに私を見捨てられたのですか」と叫んだことで、ついに人間的な怖れと動揺を表したのだと解釈されていることがあまりにも多い。

この印象的な言葉は聖書の詩篇《しへん》第22篇の冒頭にある通りのものだ。この祈りの詩句の冒頭が記されたということは、イエスは第22篇の32行を最後の一句まで口にしたということを意味している。それが聖書の記載方法の決まりなのである。

メロディがほどこされたこの有名な詩句は神への嘆きで始まりはするが、途中から神に救われ、神への感謝で終わるという構成である。だから、イエスは嘆きの言葉を口にして死んだのではなく、感謝を述べて息を引き取ったのである。

私は、こうしたイエスの分けへだてのない愛に満ちた生活と死に際しての彼の態度そのものが具体的な救いの様相《ようそう》だと考えている。

イエス自身が救われることによって、彼は人々に心の救いそのものの平安を見せていたのである。

救いとは物質的に満たされることではなく、心が安らかになることだ。また、救うのは他者ではない。自分自身だ。多くの人のように世間に染まってあくせくと生きていくのならば、心はその時々で乱れ、そこに救いはないだろう。

救いとは、要するに自分の生き方の質的変化のことだ。

たとえば、ドラッグやギャンブルにふけって多額の借金をこさえた人を救うにはどうしたらいいのだろう。その人の借金を支払ってあげることなのだろうか。

そうではあるまい。ドラッグやギャンブルに魅力を感じないような心、自分の仕事などに計りしれない魅力を感じるような心に変えるのが救いというものだろう。その人自身の心の問題なのだから、その人自身が自分の変化に向かわなければならない。そういう意味でほかならぬ自分が自分自身を救うのである。

イエスが示したのは、そういう救いが個々人の内部で実現するための行ない、考え方、態度であった。

本書でのイエスの言葉はこのような観点から抜粋《ばっすい》され、解釈を含めて書かれている。したがって本書はイエスが示した暗喩《あんゆ》（この後に説明する）の内容を斟酌《しんしゃく》したという意味での「超訳」であり、その意味で「ようやくわかるイエスの本心からの言葉」といったものにもなるだろう。

イエスの言葉を暗喩として理解する

さて、キリスト教においては、イエスは「神の子」とされている。

彼が「神の子」であるからこそ、処女マリアから産まれ、数々の奇蹟《きせき》を起こし、誤解されて罪人扱いされ、十字架刑に処され、葬《ほうむ》られても遺体が見つからず、天に昇り、復活を約束するのである。

これらのことを事実、あるいは動かしがたい真実として信じることを約束したのがキリスト教徒である。

個々人の信仰の内容はともかく、ヨーロッパに生まれたキリスト教の神学では神を客観的実在としている。その神の子がイエス・キリストとされている。

私は後代につくられたその神学を鵜呑《うの》みにしない。なぜならば、聖書に記されているさまざまな奇妙な話や奇蹟といい、イエスという男の言葉といい、どうしても暗喩や隠喩《いんゆ》とみなすことによってしか意味がまともにとれないからである。

つまり、実際に起きた事柄そのものを描写《びょうしゃ》したり語ったりしているのではなく、それと類比される別の事柄、つまり人間心理や生き方を指し示す表現がなされている場合がほとんどだと考えるのである。

たとえば、マタイによる福音書第5章にはイエスの次のような言葉が記されている。

「色情《しきじょう》をもって女を見れば、その人はもう心の中で姦通《かんつう》している。右の目がつまずきになるなら抜き出して捨てよ。全身がゲヘナに投げこまれるより、体の一部を失うほうがましである。右の手がつまずきになるなら切り捨てよ」

ゲヘナというのはイェルサレムの南端にある狭いヒンノムの谷のことで、そこではいつもゴミや処刑された人の体が燃やされていて悪臭に満ち、地獄とはまさにそういうところだろうと人々からみなされていた。

では、ここでイエスは情欲を持って女を見る者は本当に眼球を抉《えぐ》り出さなければならないと言っているのだろうか。そうではないはずだ。なぜならば、「視力を失うほうがゲヘナに投げこまれるよりましだ」というふうに比較級の表現を使っているのだから、それは比喩の表現なのだとおのずとわかる。

聖書を日本語に翻訳したフェデリコ・バルバロはこの箇所についてこう注釈している。

「このたとえをもって、地獄に行く罪を犯すよりは、どんなつらいことも忍べと教える」

カトリック神父であるバルバロでさえ、この表現が喩《たと》えであるとしているのだ。

このように聖書の文章全体を暗喩として読みとる観点に立つことによって

のみ、私はようやく聖書のおおかたを理解できる。

イエス自身にしても、彼が語る言葉が喩えであることをはっきりと述べている。たとえば、マルコによる福音書第4章にはこういう言葉が載っている。

「このたとえすらわからないのか。そんなことで、どうして他のたとえをすべて理解できようか」

また、四つの福音書に記されているイエスはしばしば「聞く耳がある者は聞け」というフレーズを使ってやまない。これはたんに聴覚のことを言っているのではなく、暗喩など喩えの意味をよく理解しろと解釈すべきであろう。


新約聖書をめくるだけですぐわかるようにイエスは喩えを多く使う。喩えは誤解されやすいのに、なぜ喩えを使うのだろうか。

私の考えであるが、イエスが示したかった事柄についての言葉が当時はまだなかったからだろう。古代だから、現代とちがって概念語《がいねん》に乏しかった。あるいはまた、いくつかの概念語があったとしても、イエスが相手にしていた貧しい文盲《もんもう》の人々は少しも理解できなかったと察することは容易だろう。

またイエスは、モノや事柄を言葉では充分に明示しえないことを身に沁《し》みて知っていたように思われる。

これは現代でも同じで、いくら概念語が多くても、私たちは言葉で充分に説明したり、意思をそのまま伝えることはできない。

言葉は、いつも意図する事柄のぼんやりとした輪郭《りんかく》程度でしか表現できない。だから、言葉を重ねたり、表現を工夫《くふう》したりするのだが、それでも明示できないのだ。

この事情は、私たちのふだんの生活におけるコミュニケーションのいたらなさを振り返れば、誰もが経験していることだ。

一方、暗喩や直喩ではなく、聖書に記された事柄のすべてが歴史的事実そのものだというのならば、聖書はたちまちにしてわけのわからないヴェールに厚く覆《おお》われてしまうだろう。あるいは、矛盾に満ち、思想の整合性《せいごうせい》など微《み》塵《じん》もないカオスになってしまう。

そういうふうに聖書をとらえて嘲笑した書物も現在はある。ケン・スミス

『誰も教えてくれない聖書の読み方』や架神恭介『「バカダークファンタジー」としての聖書入門』などだ。これらの著者に聖書が記された当時の習慣知識やユダヤ教徒の文化知識がなかったことから読み誤っている箇所を差し引いたとしても、現代人が何の予備知識もなくして聖書を読めば聖書は騒擾《そうじょう》と狂乱に満ちたものに映るだろう。

しかし、一般的に書物とはそういうものだ。読者は自分が現在のところ持ちあわせている知識と理解能力の範囲でしか本を読解できないのである。素直に意味がとりにくい表現があったとしても、だいたいこんなものだろうと勝手に類推してすませるのである。だから、読みとり方や感想が各自で異なってしまうことになる。

しかしながら、「聖書は神が書いた本だから人間の理解がおよばないのも当然であり、その理解を手助けするのが神学や教会だ」という主張もあろう。しかし、そうならば、キリスト教は一種の密教《みっきょう》になってしまう。また同時に、聖書という本を個々人が読むことに意味と価値がなくなってしまうし、本として聖書があることに意義すらなくなってしまうだろう。

しかし、聖書が重要なものを含んだ本ならば、神学や教会という仲介者《ちゅうかい》なくして、私たちに教えているものがあるはずだ。そして、それはこの世に生きるうえで重要な事柄であるはずなのだ。であるならば、私たち個々人が聖書を読み、そこから汲《く》むことができるものが秘められているだろう。

そうして私が聖書を読み、そこから汲みとったものを含めてイエスの言葉としたのが本書である。だから、新約聖書に記載されているイエスの言葉と本書でのイエスの言葉を読み比べていただければ、私が何をどう汲みとったかが明瞭にわかるだろう。

正典だけでなく外典にもイエスの言葉を求める

本書が参考にしている原典は一般的な新約聖書だけではない。外典（読み方はゲテンでもガイテンでもかまわない）と呼ばれているものも含んでいる。

外典とは、新約聖書に含まれた27の正典文書からは除外された文書のことだ。これはアポクリファ（「隠されたもの」という意味）とも呼ばれ、キリスト教会は外典を「異端宗教の虚構《きょこう》」とか、「けがれなき者をあざむく文書」と見ている。

キリスト教会が認める正典は次の四つの要素を満たしている必要がある。イエスの弟子であった使徒が書いたもの、あるいは使徒に由来し、教えが使徒的である。地域を問わず広く教会で受け入れられている。これまで典礼で使われてきている。キリスト教神学と整合性を保っている。

つまり、キリスト教の伝統に沿っているかということと内容が神学と合致しているかどうかで正典か外典かが決められている。これはもちろん、キリスト教体制こそ聖書の文書の真偽《しんぎ》を見きわめる権威を持っているという態度から来ている。

私はそのように決めつけるのはおかしいと思っている。ブランド物の真贋《しんがん》はともかく、そもそもこの世で起きている物事の真偽などありえるはずもなく、ただ個人の生き方のみが物事を価値づけると考える。

別の言い方をすれば、キリスト教徒だから正しいはずだ、あるいは正しくあるべきだというふうには考えない。評価のモノサシがどこかにあるはずだとも考えない。この地に生きる誰にしてもその人の生き方こそ価値を決めるものであり、外から客観的に評価されるべきことではないと思うのである。

このように考える私は、正典とはされなかった文書の中にもイエスの真意を表した言葉が残っていると感じる。イエスその人の口から出た言葉でなくても、イエスの真意がいくぶんかでもそこに含まれていると思うのだ。そういう部分を外典から拾って、本書なりに超訳して表現しようと考えているのである。

なお、本書にはイエスが話したたとえ話三篇を含ませた。この三つは昔からとても有名なものであり、文芸や映画や絵画でも引用されることが多い。したがって、この三篇のたとえ話でも一度読んで知っておけば、今後の西洋文化の理解に必ず役立つだろう。

白取春彦

本書は2017年7月に小社より刊行された『超訳 イエスの言葉』から152篇を厳選し、文庫エッセンシャル版として再編集したものです。

CONTENTS

II　するべきことをする

III 出会う人を大切にする

IV 善く生きる

095 神の国はあなたの中にある
096 あなたの心が愛に染まれば、そこが天国だ
097 天国は地上にある
098 この世に慣れてしまった者は天国に入りにくい
099 実りのある人間であれ
100 聞く耳を持たない人には何を言っても無駄だ

V 愛する

101 幸せとは、人を愛すること
102 愛を求める人はいつか愛される
103 新しい世界はすでに来ている
104 あなたの敵をも愛せ
105 最も重要な掟は愛することだ
106 私が与える新しい掟は「愛し合え」だ
107 欲望を動機にしてもうまくいかない
108 愛のある行ないをするだけなのに
109 人を本当に愛する心の中に神は住んでいる
110 愛によって新しい知性が育つ

VI

世間の価値観を疑う

I

心を安らかにする

001

明日のことは心配するな

明日はどうなるだろうか、などとよくよく考えるな。明日のことをあれこれ想像するのはさらに悩みを増やすことだから。

今日は今日で精一杯のことをしたのだから、それでいいじゃないか。自分の一日の働きに満足しよう。心を安らかにし、ゆったりと食べ、語らい、よく眠ろう。

笑おう。笑顔を見せることだ。月や星や愛に慰められよう。今日も自分なりに生きたのだ。

（マタイ6・34）

—

002

今なすべきことに専念せよ

心配するな。やきもきするな。起きてもいないことを気遣《きづか》うな。落ち着き、安心していなさい。

何がどう転んでもいいじゃないか。そのときはそのとき。どうなるだろうかとつまらぬ想像をずっとくり返して今という時間をつぶすことこそ損じゃないか。心をゆったりとさせ、自分が今なすべきことに専念しなさい。

（マタイ6・31〜）

003

愛に充ちて過ごせばよく眠れる

自分の言葉と行ないの報《むく》いは毎日与えられているんだ。そのことはきみたち自身がよく知っているはずだ。夜、眠るとき、心が騒いで寝つけないでいるのならば、それはその日の報いなのだ。

このまま死んでもいいというほどの平安を感じて眠れたのならば、その日は愛に充ちて過ごしたからなんだよ。

（マタイ16・27～）

004

苦しみには価値がある

苦しんだ人こそ、生の価値がわかる。命の尊さがわかる。だから、苦しみは不当な制裁《せいさい》でもないし、不運でもない。苦しみには、今は理解できない深い意味がある。

その苦しみに耐えたのちに、生きていることの光のまばゆさが身に沁《し》みてわかる。

（トマス58）

005

卑下するな

周りからいろいろ言われても、自分を卑下《ひげ》するな。きみは価値ある人間だ。ただ、今は世間がきみの価値や能力を見る力がないだけだ。だから、肩を落とすな。自分らしく堂々と生きていいんだ。必ず、ずっときみを見ていた人が声をかけるから。

（マタイ10・31）

006

恐れるな

おじけづいたり、弱腰になったり、不安を覚えたりするのは充分に準備ができていないからだ。だったら、入念に準備してから物事にあたりなさい。

疑うのは、自分自身がまっすぐに生きてこなかったからだ。疑いをなくするためにも、これからはまっすぐに生きよ。自分の評判や世間の人々の反応を考えて曖昧《あいまい》なことを言ったりせず、イエスかノーかをはっきりと舌に乗せよ。

そして、恐れるな。何についても、心安らかにして取りかかれ。

恐れは行ないをためらわせる。恐れがあれば、着手に遅れる。不安につきまとわれる。悪を行なっていなければ、恐れる気持ちなど生まれようがない。

（マタイ14・27）

―

007

返礼ができない人を宴会に招けば、そこは天国のようになる

純粋に幸せな気持ちを知りたいなら教えよう。宴会を開き、あなたに返礼ができない人々を招け。つまり、孤独な人、とても貧しい人、体が不自由な人、身寄りのない人、老いて独り暮らしをしている人たちだ。そして、何のわだかまりもなく、和気藹々《わきあいあい》と宴会を楽しめばいいのだ。そこは天国のようになるだろう。

反対に不快な気持ちを味わいたいなら、あなたに充分に返礼のできる人、仕事関係の人、利害でつながっている人、商売に利用できそうな人を招けばいい。すぐに心が曇り始める。

（ルカ14・12～）

―

008

神の国はきみたちの心の中に建てられる

「神の国はいつ建てられるのか？」と真顔《まがお》で訊くきみたちは、地上に国家が創建されることを夢想しているんだろう。

私が言ったのはそういう意味ではないんだ。

確かに、神の国は建てられる。ただし、その場所はきみたちの中だ。

きみたち一人ひとりの心の内に神の国が建てられるということなんだ。


（ルカ17・20〜）

009

きみがいるだけで誰もが和むような人になりなさい

いつだって強情はよくない。強情はいかにも意志が強いように見えるかもしれないが、依怙地《いこじ》のせいでも強情になることができる。だから、強情な人は自分の主張を通そうとするばかりで、状況や事情を考えないし、人の言い分もめったに聞かないものだ。

せめて、きみはそういう人になるな。柔和《にゅうわ》であれ。いつもやさしくあれ。きみが現れただけで場が緊張するような人ではなく、きみがいるだけで誰もが和《なご》んで心を安らかにできるような人になりなさい。その場には私も必ずいるから。

（マルコ10・5〜）

010

悔やみ悲しんでいる人を私は愛する

私が愛そうとしているのは、のうのうと罪を重ねている人ではない。
犯した罪に悔《く》やみ悲しんでいる人だ。
私が手を差し伸べるのは、悲しみの淵にしゃがんでいる人だ。

（マタイ9・13〜）

—

011

隠し事をやめれば、人が恐くなくなる

きみが人を恐れるのは、知られていない何かを隠しているからだ。しょせん、隠しとおすことはできない。すべてがいつかあらわになる。だから、みずからあらわにして、肩の荷を下ろしなさい。そして人を恐れないようになりなさい。

（マタイ10・26〜）

自分の中の悪い情念を無視せよ

情念など形のない幽霊のようなものにすぎない。

だから、情念にこだわってはいけない。もし、情念にこだわるならば、悩みはふくらみ、ついには病を引き起こすようになる。

情念は、小さなきっかけから急にふくらんでくる。そのきっかけとなるのは日々のちょっとした不満や反感だ。だから、自分のそういう気持ちを引きずらないようにすることだ。

湧いてくる不満や反感をあえて無視し、自分はあたかも平安の満足の中にいるようにして生活しなさい。


（マグダラのマリア10〜）

お金や物で本当に豊かになれるのか

貪欲《どんよく》はどこから来るのか。お金や物をたくさん集めるほど、自分が豊かになったように感じるからだ。

しかし、よく考えることだ。より多くのお金や物がその人を本当に豊かにするのだろうか。事情を知らない他人がその人を見て、この人物自身の豊かさをすぐに察知《さっち》できるのだろうか。

（ルカ12・15〜）

014

お金の誘惑に負けるな

大金さえあれば何でも手に入るはずだとあれこれ妄想《もうそう》してどうする。妄想にふけっている間、何もまともなことができなくなるぞ。

実際に大金を手にして、この金で何を買おうかと悩んでどうする。悩んでいる間、仕事さえ手につかないぞ。

お金（マンモン）は万能感をもたらしはするが、実際には万能ではない。お金があれば、一度に一足以上の靴を履《は》けるのか？　自分の腹の大きさ以上に食べられるのか？　自分の能力が動物以上に高くなるとでもいうのか？　チャンスのすべてが手にできるとでもいうのか？

そんなことはあるまい。お金で得られるのは価格と時間制限がある享楽《きょうらく》のうちのたったいくつかだけだ。

真の喜びは買うことができない。そのことに気づけ。

（マタイ6・24）

015

求めない人は幸せだ

求めない人、欲しがらない人、そして、自分には本当に何もないと思う人はもうそれだけで幸せになることができる。
なぜならば、手に入るもの、与えられるもの、すべてが恵みになるからだ。すべてが喜びになるからだ。

（マタイ5・3）

016

開かれた心を持て

どこにでもいる子供の無邪気さ、悪意のないわがまま、素直さ、自由さ、屈託のなさ、無心、そういったものを喜んで受け入れることができないほど狭《せま》い心であれば、私の言うことと行ないはいつまでたっても不可解な謎のまま残るだろう。

（マルコ9・36〜）

—

017

欲しいものをあきらめるな

どうしても欲しいのなら、その気持ちをはっきりと表さなければいけない。そして、最も肝心なのは、決してあきらめないことだ。少しでも可能性があれば、渾身《こんしん》の力で手を伸ばし、指を掛け、手前へと引き寄せることをしなければならない。

そこまでして初めて手中《しゅちゅう》にできるのに、自分からは何もせずに、誰も持ってきてくれない、誰も与えてくれない、自分に合うものがない、と身勝手な不平を言っているのは誰だ。

（マタイ7・7～）

—
018

罪の記憶が人を罪の奴隷にする

きみは過去に犯した罪のことをたまに思い出していると思う。昔のことなんだからもう時効だと思ったりするが、きみの心からはまだ消えないでずっと残り続けているだろう。

それが、罪の怖いところだ。記憶から消えないということによって、いつまでも人を罪の奴隷《どれい》にしてしまうんだよ。さらには、その罪があることによって、「どうせ自分という人間は」という自己卑下の考え方をしてしまいやすいわけだ。それもまさに奴隷のようにね。

（ヨハネ8・34〜）

019

きみたちに他人を罰する資格はあるのか

きみたちは、この女を罰しようとしている。

この女が他人の夫と不倫《ふりん》を犯したから重罪人だとさんざんにののしり、それではまだたらずに拳《こぶし》ほどの石を投げつけ、血だらけにしたうえに命までをも奪い去ろうとしている。

では、石を手にしたきみたちはこれまでこれっぽっちの罪も犯したことがないのだろうか。きみたちはいつも愛に充ち、すべての人々を愛してきたとでもいうのだろうか。

まさか、そういう人間だったら、この女を罪人扱いしないはずではないか。胸に手をあてて過去を振り返ってみろ。さあ、どうだ。それでもなお、この女を殺したいのか？


（ヨハネ8・4〜）

善行をしてもすぐに忘れよ

何事についても、これみよがしにふるまわないように。

善行をしたとしても、自分で善いことをしたと思わないように。たんにふつうのことをしたのだと思うように。

寄付をしても善行をしたと思うな。ほんの少し用立てただけなのだから。その額よりもうんと多くの無駄金を使ってきたのだから、それに比べればたいしたことないじゃないか。

そしてまた、自分だって、どこか遠くの人からの支えによって日々を過ごしたことがあるじゃないか。だから、寄付はふつうの持ち回りの役目だと思うようにしてすぐに忘れてしまえばいい。そうすれば、自分の心だって穏やかだ。

（マタイ6・1〜）

悪いことをした時点で、すでに審判を受けている

きみは神の審判《しんぱん》が下るということについて、たとえば、いつか突然に雷に打たれて死ぬといったことを想像しているのかもしれない。

でもね、実際には、悪いことをしている人はすでに審判を受けているんだよ。彼らは悪いことをしているという自覚があるから、やましい気持ちをずっと持っていなきゃいけない。しょっちゅうびくびくしていて、おおらかじゃない。他人の眼が気になるし、暗い秘密をずっと抱えている。こういう人生はまったく楽しくはない。本当に休まることもない。

それこそがまさに審判を受けている証拠でなくて何だろうか。

（ヨハネ3・19〜）

022

富裕な者はかわいそうだ

富裕《ふゆう》な者はかわいそうだと私は思う。富によって手に得られたものを楽しみ、それらによって慰められているからだ。

本当は愛情に溢れた言葉や接し方が欲しかったろうにね。しかし彼はそういうものを知らない。というのも、買えるものと、心から差し出されたものの区別がわからないからだ。

（ルカ6・24）

023

心の裕福さを知らない人はみじめな貧窮の底にある

世間では、物や金銭が多くあるほどに裕福《ゆうふく》だと思われている。人々は心の裕福さをまったく知らない。私の眼から見れば、そういう人々はみじめな貧窮《ひんきゅう》の底にある。

（トマス87）

024

体だけでなく心も洗え

なぜあなたがたは、杯《さかずき》の外側しか洗わないのか。杯の内側をも洗わなければ、杯はいっこうにきれいにならない。

同じように、あなたがたは体を丹念《たんねん》に洗うが、心を少しも洗っていない。

（トマス89）

—

025

いやだと思っているなら脱け出せ

いやだと心の底から思っているなら、そこから脱け出すことができる。

慣れと怠《なま》け癖からその環境に甘んじているのならば、いつまでも脱け出せないどころか、いつまでも不安定な心を抱いているしかない。

（フィリポによる福音書114）

026

欲というライオンに喰われるな

ライオンに喰われてはならない。

そう警告したのに、野のライオンに無残に喰われた夥《おびただ》しい数の死体がここかしこに累々《るいるい》と散らばっている。

彼らを喰い散らかしたライオンとは、権力欲、出世欲、強欲、支配欲、独占欲のことである。

（トマス7）

027

誰でも正義や真理とは何かを考える必要がある

私が言っていることを、私が行なったことを、見聞きして理解できる人はそんなに多くはない。

なぜならば、多くの人は自分の持ち物や財産や人間関係のことにかかりっきりだからだ。彼らはそういったものにこそ価値があると考えているのだ。だから、真剣に正義とか真理とは何かと考えたこともなく、むしろどうでもいいことだとあしらっているのだ。

したがって、そういう人々には本当の愛も同情も欠落しているのだ。

（ルカ14・16〜）

幼児のように素直に受け入れる

大人は私の教えをなんとか頭で理解しようとする。そして、残念そうに両肩をすくめる。

知識の量を誇る賢い大人はそれどころか、私を不審にさえ思う。

けれども、無邪気な幼児たちは、私の言葉の意味がわからない場合でも私の行ないをそのまま受け入れてくれる。私利私欲《しりしよく》のない生き方しか知らない子供たちだからこそ感じとれるものがあるのだ。

（マタイ11・25〜）

鈍感なエゴイストにはなるな

なぜ、自分の欲望と損得以外のことにはまったく無頓着《むとんちゃく》なのか。なぜ、見たこと聞いたことの意味や、たとえ話の意味と教えを深くわかろうとしないのか。

自分の収入の増減や自分の評判についてはささいなことですら気にかける。それなのに、愛や生き方については無関心だ。

他人についても、見知らぬ遠くの風景のようにしか見ていない。この時代、そんな鈍感なエゴイストたちが自分だけはかなりまともなほうだといったような顔をしてそのあたりを歩いている。

（マタイ11・16〜）

自分についてのくだらない思いこみから抜け出せ

あなたがたは不気味なことを思いこまされている。

貧しかったり病気だったりするのは何か自分の過去や生き方に大きな不信仰なあやまちがあったからだろうと思いこまされている。そして、そう考えがちな気持ちがさらに自分を弱らせている。

そのくだらない思いこみから抜け出しなさい。頭を上げ、溌剌《はつらつ》と生きなさい。よいことを考えなさい。希望を持ちなさい。新しい自分になれるよう、考え方と生き方を明るくしなさい。

（マタイ9・10〜）

心の闇は自分自身には隠せない

誰もがよく知っている。自分が本当は何を考え、何を欲しているのか。何をどうしたいのかを。

多くの人は、自分のその本心を隠して生きている。

しかし、他人には隠せても、自分自身に隠しきれない。本心が暗くどろどろしたものなら、それは必ず顔や体や雰囲気に表れてくる。その暗さは漆黒《しっこく》よりも深い。

（マタイ6・22〜）

032

平安は外から来るのではない

きみたちは新しい世が来ると思って、その日を待ち望んでいる。どうしていつもそうなんだ？　何かが外から訪れてくると思いこんでいる。

きみたちの待ち望む平安の世はもう来ている。それなのに、なぜいつまでも、自分の心を安らかにしてその世に住むことをしないんだ？

（トマス51）

ものごとに執着するな

惜しむな。執着するな。愛する者ともいさぎよく別れよ。
この世のすべては橋にすぎない。
おまえは、そこをただ渡るだけでよい。永住するな。ただ、渡れ。
振り返るな。

（インド／ファテプル・シークリーの城門に刻まれたイエスの言葉）

II

するべきことをする

034

行動せよ

人間として何をすべきか知っていながら、いつまでも手をこまねいているやつらには吐き気がする。眼前で悪が行なわれているのに見て見ぬふりをするのは、同じ悪に手を染めているのと同じだ。

善悪を知っているだけで何の意味があるだろう。実行しなければならない。そうしてこそ世界は変わりうる。その前に自分が変わりうる。

（マタイ7・26）

035

善行とは、誰にとっても嬉しいことをすることだ

善行をどう行なっていいかわからないのなら、誰にとっても嬉しいことをしなさい。その中には悪の一つも含まれていないから。

（マタイ7・12）

036

ノウハウで幸福にはなれない

きみたちはいつもまちがっている。どのように祈れば願いが届くのだろうか、どのように寄付すればいいのか、どのような食事をすればいいのか、などと気にしているからだ。

そういうノウハウは何の実りももたらさない。たとえば、心の内で誰かを憎んでいるのならば、どんなことをしても意味はない。問題は、きみが必死で隠している心のほうだ。

なぜ、私がきみたちの生き方について語っていることにいつまでも気づかないのか。

（トマス6〜）

—

037

頭から足先まで正直になれ

きみが詳しい説明だと思っていろいろしゃべったとしても、それは自分を弁護するいいわけにすぎない。その時点で、ウソをついているのとまったく同じだ。

保身をいっさい棄《す》てて、頭から足先まで本当に正直になるんだ。

ハイならばハイと言い、イイエならばイイエと自分の口ではっきりと言え。それを言わずに、状況を見て小賢しく立ち回るのは、悪にあやつられているってことなんだ。

（マタイ5・37）

言葉はその人間をはっきりと示す

思いと心に満ちたものは、やがて外へと溢《あふ》れ出てくる。それは何か。言葉だ。

だから、ひどいことを言う人はひどい人なのだ。悪い実《み》をつける木が悪いとされるのと同じことだ。

人間にとってその実とは言葉である。何をどのように言うかによって、その人がどういう中身の人間なのか、はっきりとわかるのだ。

（マタイ12・33〜）

—

039

悪は悪を呼ぶ

ひどいことを言い続けていると、その人の周りには同じようにひどいことを口にし、残忍なことをするような人々がすぐに集まってくる。そして、悪はさらに色濃く広がっていくばかりだ。

（マタイ12・43〜）

040

女を道具として見るな

人は道具ではない。父親は外で働いて賃金を家に持って帰るだけの道具か？　ちがうはずだ。

空は雨や陽光をもたらしてくれるだけの道具か？　ちがうはずだ。

女も道具ではない。家事や性欲を満たしてくれるだけの道具ではない。それなのに、おまえの眼はその女を道具として見ている。

（マタイ5・27〜）

他人の欠点は大きく見える

他人の落ち度やミスやだらしなさやよくない癖は、ことのほかはっきりと、そしてとても大きく見えるものだ。

ならば、そのよく見える眼で自分の行ないをじっくりと見つめてみればいい。すると、他人とそっくりそのままの欠点がたくさん見つかるだろう。だったら、まず自分自身に対して厳しく指摘《してき》してやる必要があるのではないか。

（マタイ7・3～）

―

042

返ってくるとは考えずにお金を貸しなさい。貸したことも忘れてしまいなさい

お金を利子つきで貸さないように。何もあてにしないで貸しなさい。取り戻すことなど、これっぽっちも考えないで貸しなさい。自分が貸したということもすっかり忘れてしまいなさい。もちろん、こういう貸し方はこの世間では馬鹿扱いされるだろう。それでもなお、あなたはそのようにしなさい。

それが愛としてお金を使う方法なのだから。あなたが親からそうされたように。

（ルカ6・35〜）

—

043

善と悪を逆にするのは決して赦されない

私をなじってもいい。さんざん私の悪口を言ってもいい。能なし呼ばわりをしてもかまわない。どんなひどいことをしても赦《ゆる》される。誤解をしているか、まだ何もわからないでそうしているからだ。

ただし、善行を悪としたり、悪行《あくぎょう》を善だとするような言動をするならば、どんな人も絶対に赦されることがない。そんなことをする人自身がそのことによって真っ先に果てしのない苦しみの世界に墜《お》ちていくからだ。

（マタイ12・31〜）

―

044

誓ってはならない

誓ってはならない。もちろん、固く約束した証拠《しょうこ》としてハンコを押してもいけない。

どうして未来について約束ができるのか。明日は今日と同じだとは限らない。天気にしても毎日のように変わるではないか。気持ちも事情も刻々と変わっていくのがふつうだ。

すべてが変わる。なのに、自分は変わらないと誓えるものか。だから、誓ったせいで、あとで嘘つき呼ばわりされることになる。信用ならぬ人と烙印《らくいん》を押される。たった一度誓っただけで窮地《きゅうち》に立たされる。それはあまりにも苦しいことだ。

（マタイ5・33～）

045

お金のためには善悪を考えないという人々は荒れ地のようだ

お金さえあれば世間を悠々と渡っていけると思う人は、できるだけ多くの財を蓄《たくわ》えようとする。

その財は、しばしば狡猾《こうかつ》な手段によって、あるいは遠くの誰かを泣かせることによって、あるいは盗みによって築かれる。つまり、稼ぐことに善悪は不要だとされている。

そのような人々は私の眼から見れば、まるで石ころだらけの荒れ地のようだ。その痩《や》せた土地には、みんなを喜ばせる果物をたわわに実らせる木も、善の木も育たないからだ。

（マタイ13・20～）

よい土地であれ

きみは、よい土地であれ。農夫が種を撒《ま》けば、豊かに実らせるような土地であれ。

つまり、広い心で教えを聞いたら、教えを実践《じっせん》せよ。悪口を言われても動じることなく、堂々と生きよ。そして、どんなにひどいことをされたとしても絶対に暴力で対抗するな。

そんなきみを人はひそかに見ているから、その人をもよい土地にすることができるんだ。

(ルカ8・4〜)

愛のない人は死んでも惜しまれない

人々を麦にたとえれば、その中には小麦と見分けのつかない毒麦も混じっている。収穫《しゅうかく》のときにはその毒麦は抜かれ、火で焼かれる。

このたとえ話がわかるか。毒麦とは、分けへだてのない愛の行ないをせず、私利私欲《しりしよく》に走り、いつも人の顔色をうかがい、みんながしているから自分もするといったタイプの人々のことだ。彼らは死んでも惜しまれず、やがてすっかり忘れ去られる。まるでこの世に存在すべきではなかったかのように。

（マタイ13・28〜）

048

罪は存在しない。罪人が存在するだけだ

罪というものはこの世に存在しない。
存在するのは罪を犯すその人なのである。

（マグダラのマリア7・10〜）

049

富を独占するな

多くの財産を蓄《たくわ》えた金持ちが考えた。

「この富を利用しよう。そして、さらに多くの富に増やしてやろう」

そして富を倍加する方法を思いついたその夜に、彼は死んでしまった。

この金持ちをどう思う？　愚かじゃないか。死んだから愚かなのじゃなくて、富を自分のために増やすことだけに専念したから、愚かなんだ。

富を独占するな。みんなに分け与えよ。喜びを分け与えよ。惜しむな。富を有効に活用し、自分のためではなく人々のために生きよ。

（トマス63）

050

新しい水は新しい容器に入れよ

古くて汚れた水に新しい水を注いだところで新鮮な水になりはしない。汲んだばかりのきれいな水は、新しくきれいな容器に入れなければならない。

こんなあたりまえの道理《どうり》を知っているくせに、なぜ人事や組織についてあまりにも愚かな配置をするのか。

（マタイ9・16〜）

―
051

一人よりも二人で願え

願いごとがあるのならば、二人で願ったほうが絶対にいいね。そうすれば、願いごとは現実になりやすいからだ。

もし、きみたち二人とも私と同じ愛があるならば、願いはかなう。

また、二人ならば、きみたちの願いが妥当《だとう》なものであるかどうか吟味《ぎんみ》もできるじゃないか。

（マタイ18・19〜）

052

私は真理を行なってみせるだけだ

真理とは何かと問われても、私は答えない。
ただ、真理を行なってみせるだけだ。

（ヨハネ18・37〜）

053

本当に必要なことを、今すぐにせよ

本当に必要なことは、いつもたった一つだ。
それを見きわめ、その必要なことを今すぐにしなさい。

（ルカ10・41〜）

準備が安心を生む

どんなことにおいても充分すぎるほどに準備しておきなさい。
まだその時期じゃないから明日からでも間に合うときみは根拠なく思っているが、そのときがいつやって来るかは決してわからない。だから、もう準備をすませておきなさい。準備こそ、その場でのとりつくろいの賢さより勝る。そして、きみ自身を安心させるのだから。

（マルコ13・35～）

055

本当に正しいことをすれば苦しみに遭う

きみが人間として本当に正しいことをすれば、きっと苦しみに遭うだろう。

けれども、どうか勘違《かんちが》いしないでほしい。その苦しみはきみの正しい行ないがもたらしたものじゃない。倫理や善悪を勝手に決めつけている世間からの意地悪や排斥や攻撃が苦しみになるんだ。

私の苦しみも、きみと同じものだったのだからよくわかるんだよ。

（トマス58〜）

056

一心でなければ闇の中にいることになる

きみは、いつも一心でなければならない。一心であり、一身でなければならない。

そうしないと、きみは闇の中にいることになる。

闇の中にいる人を見たいのかい？　目を上げれば、そのへんにたくさんむらがっている。彼らはかまびすしく不平を口にしている。損得や欲望にあえいでいる。いがみあったり、あせったり、戦ったり、泣いたりしている。彼らは一人の人間とは思えないほどに分裂している。

そんな彼らをよく見てごらん。輝いているかい？　彼らはとても暗いじゃないか。内に光がないからだ。

（ルカ17・34〜・トマス61〜）

057

誰にも知られないように善行をせよ

表彰《ひょうしょう》されるために寄付をするならば、それは恥ずかしいほどの偽善だ。目立つために多額の寄付をするならば、それも世間にはびこっている偽善だ。

絶対に誰にも知られないように寄付をしたり、そっと自分の力を無償《むしょう》で貸したりするならば、それこそ善そのものの一つだ。

（マタイ6・3〜）

—
058

偽善に満ちた生き方をしていないか

独りになり、自分をかえりみることをしてみよ。毎日を偽善に満ちた生き方をしていないか、今一度考えてみよ。

自分が白く塗られた墓のようになっていないか、じっくり考えてみよ。白く塗られた墓は美しく見える。けれども、その中は死体の骨と虫けらでいっぱいだ。あなたの内側は、さらに不法と嘘と虚栄《きょえい》がはびこってはいないだろうか。

（マタイ23・27〜）

059

罰がなければ悪いことをするつもりか

なぜ、いやなやつを殴らないのか。なぜ、憎む相手を殺さないのか。もし、自分が罰せられるのがいやだから人に危害を加えないと言うのならば、誰も見ていないときに他人を傷つけたり殺したりするだろう。

きみが、自分が損したくないから盗まないのだと言っている限り、証拠が残らなければいつか盗みを働くだろう。

法や厳しい処罰《しょばつ》が定められれば、悪いことがへるのだろうか。

何が悪いことを引き起こすのか。きみ自身がきみの生き方で答えなければならない。

（マタイ5・18〜）

060

秘密はいつか露見する

今は暗くて見えないものでも、いつかはっきりと見えるようになる。隠されているものはみな、いつかその覆《おお》いを剝《は》がされる。ひそひそ声で話されたことも、大きな声で話されるようになる。何事も永遠に隠しおおせるものではない。

（マタイ10・26）

この世を愛してはならない

私は、「この世を愛せ」とは命じない。「この世を愛してはならない」と命じる。

すなわち、「愛を知らない多くの人々の真似をするな」ということだ。彼らは真の愛を知らないから、いつも不安を抱え、敵と味方に別れて戦い、疲れ、怒ったり泣いたりする。

（フィリポによる福音書１１２）

III

出会う人を大切にする

今すぐ仲直りをしなさい

祭壇に供え物を捧げ、自分につごうのいいことばかりを祈ってどうするんだ。それだけのことで物事が急に変わるとでも思っているのか。なすべきことは敬虔《けいけん》なふりをしての神頼みではない。

今すぐに腰を上げ、ずっと仲たがいをしてきた兄弟のところへ行って、なんとかわだかまりを解消するんだ。

打ち明け、頭をたれて謝り、握手をせよ。兄弟の手も温かいことを感じよ。

（マタイ5・23〜）

063

きみが愛するべきなのは、きみが好きな人だけじゃない

自分が愛すべき隣人とはいったい誰のことですかと、きみは今さら私に訊《き》くのか。

隣人とは、きみが好んでいる人だけを指すのではない。隣人とは、きみに関わってくるすべての人のことだ。そしてまた、きみがみずから関わっている人のことだ。

できるだけ彼らに親切にしなさい。親友のようにやさしくしなさい。何があっても責めてはならない。さらには、隣人以外の人々にも同じように親切にしなさい。

（ルカ10・30〜）

064

行動がなければ愛とはいえない

一瞬でも同情やあわれみの情を抱いた自分は、本当によい心の持ち主なのか？

あいにく自分の仕事に忙しくて助けることができなかったのだけれども、心を動かしたのだから、自分はもともとよい心を持っている人間とでもいうのだろうか？

そんなことはないね。少しも状況を変えなかったのに、よいと言えるはずなんてない。まったく何もせずに見ぬふりで通り過ぎただけの人と同じにすぎないじゃないか。

本当によい心の持ち主ならば、すぐにその場で人助けをし、それにかかった費用も自分で負担するはずだ。それでこそ、隣人への愛と呼べる行為じゃないか。

（ルカ10・30〜）

疲れた旅人に一杯の冷たい水を差し出す人のように

道徳をえんえんと述べるお偉《えら》いさん方などいらない。世渡り上手で出世して、見せびらかすように多額の寄付《きふ》をして尊敬を集めたがる者もいらない。

私が愛するのは、疲れた旅人に一杯の冷たい水を両手でそっと差し出してくれる人だ。そして、笑顔をも。

（マタイ10・42）

イエスのたとえ話

「善きサマリア人」

あるユダヤ人がイェルサレムからエリコを目指して坂道を下っていた。そのとき、強盗に襲われた。

強盗は容赦《ようしゃ》がなかった。金目《かねめ》の物を奪うだけではたりず、服を剝《は》いで裸にし、そのうえに殴ったり刺したりして殺さんほどにした。強盗が去ってから、その人は息も絶え絶《たただ》えにそこに横たわっていた。自分の力では動けなかった。

ちょうど坂道を下ってきたのはユダヤ教の祭司だった。祭司は道の向こうに人が倒れているのに気づくと、ちょっと不機嫌《ふきげん》な顔になって足の向きを変え、反対側へと歩いていった。

また、代々神殿《しんでん》に仕える身分であるレビ族の人も坂道を下ってきたが、さっきの祭司と同じように知らぬふりをしてちがう道を行った。レビ人には死体に触れてはならないという掟《おきて》があったからだった。

しかし、旅の途中で足を止めた人がいた。それは驢馬《ろば》に乗ったサマリア人だった。サマリア人は歴史的にユダヤ人とは仲が悪く、めったにユダヤ人と関わることはなかった。

しかし、そのサマリア人の旅人は道の上に倒れているユダヤ人がまだ生きていることを確かめると、自分の持っていた油を傷口に注いで包帯を巻き、とりあえずの手当てをした。

それからサマリア人は自分の驢馬にユダヤ人を乗せ、宿まで連れていって介抱《かいほう》をした。

翌日、サマリア人はどうしても出かけなければならなかったので、ユダヤ人を宿の寝台《しんだい》に残し、宿屋の主人に2デナリを渡してこう言った。

「私が留守の間、この人を看病《かんびょう》してもらえませんか。必ず戻ってきますから。そしてもし費用がもっとかかるようでしたら、あとでお支払いいたしますので」

さあ、強盗に遭《あ》った人にとって真の隣人とはいったい誰であろうか。

066

人の過失を赦せ

他人の過失を赦《ゆる》しなさい。

もし、他人の過失を赦さないのならば、あなたの心は厳しい断罪をする心だけになってしまう。

そして今後、その同じ心で自分をも見ることになるだろう。もしそうなってしまったら、地獄の道を行くことと同じではないか。


（マタイ6・14〜）

ひたすら人を赦せ

人を赦《ゆる》せ。ずっと赦せ。いつも赦せ。果てなく赦せ。
悲しみながらも赦せ。そうすれば、相手は根負《こんま》けしてついに変わらざるをえなくなる。

（マタイ18・21〜）

068

たくさん赦せ

たくさん愛されたいのならば、たくさん赦《ゆる》すことだ。
そういう行ないこそが、その場をたちまち神の光に満ちた王国にする。

（ルカ17・3〜）

他人を決めつけるな

よくもまあ、いつまでも自分の判断がおおむね正しいと考えていられることだろうか。その自分の判断で他人のことをあれやこれやと評価しているけれども、そんなことはそろそろやめちまおうじゃないか。

自分は他人について価値判断をしているけれども、向こうだってきみについていろいろと価値判断を下していることに気づかないのか。しかも、滑稽《こっけい》なことに同じモノサシでだ。

そこから、疑いと不快さ以外にいったい何の実りが得られるというのか。

（マタイ7・1〜）

070

人を試してはいけない

疑いこそが、不安の種だ。いったん不安に摑《つか》まれれば、太陽が頭上で燦々《さんさん》としていようとも心は暗く曇り続ける。

不安のその重さに耐えきれずに、ひどいことをする場合がある。それは、試すことだ。試すとは、相手を仮に操作してみることだ。

相手を低く見ているから、それができる。相手を信用していないから、試そうとする。そんな二人の間にあるのは、愛ではない。底しれぬ不信だ。

だから、試すことは真っ黒な疑念の残忍《ざんにん》な現れなのだ。

（マタイ4・7）

071

敵を愛せ

復讐《ふくしゅう》すれば気がすむとでもいうのか。しかし、ひとたび復讐を行なえば、その後はどうなる。相手はその行為に対しての復讐をしてくる。そして復讐はえんえんと連鎖《れんさ》し、終わることがなくなるどころか、いずれはすべての人が戦争と殺戮《さつりく》に巻き込まれていくことになる。だから、互いに苦しめ、傷つけあうことはもうやめようじゃないか。

復讐したいという気持ちをなんとか抑《おさ》えつけ、できるならばその気持ちを相手への愛に変えてみよう。難しいと思うかもしれないが、やってみるんだ。もちろん、相手は困惑し、びっくりするだろう。しかし、相手はびっくりしたままでは終わらない。相手にもその愛が必ず伝染していくはずだ。

（マタイ5・43〜）

敵をなくすには

敵に近づけ。
敵に挨拶《あいさつ》し、話しかけよ。心からの言葉を交わせ。敵に笑顔を見せよ。
敵と並んで食事をしなさい。敵の助け手になれ。敵の友達になれ。
そうすれば、敵はどこにもいなくなる。

（マタイ5・45〜）

073

敵と和睦すれば絶対に負けない

負ける戦いをしたくないのなら、自陣《じじん》の兵が敵の兵の数を圧倒していなければならない。
絶対に負けず、自陣の兵を死なせたくないのなら、敵と友好和睦《わぼく》をしなければならない。

（ルカ14・31〜）

善悪についての考えが同じ者どうしが絆で結ばれる

たとえば親子、兄弟姉妹のように血を分けた者どうしであっても、善悪についての考えがまったく異なれば、やがてその絆《きずな》は薄れてなくなる。

むしろ赤の他人であっても、善悪についての考えが同じ者どうしが、親子や兄弟よりも深い絆と情で結ばれるのだ。

（マタイ12・46〜）

リーダーこそ奴隷であれ

人の上に立つ地位にある人は、またリーダーであろうとする者は、かえって誰よりもへりくだり、みんなに仕える親切な奴隷《どれい》でなきゃいけない。

指導者も同じことで、自分に合わせようとして下の者を強く引っ張るのではなく、そのつど手を貸し、押してあげるようにしなきゃいけない。

（マタイ20・25〜）

076

約束は絶対に守れ

いったん約束をしておきながら、当日になってから自分の気分やつごう、損得計算、怠《なま》け癖などで約束を果たさないようなことは絶対にしちゃいけない。

途中で思い直してでも、たとえ少し遅れることになってでも、約束は絶対に守るように。

たった一つの小さな約束であっても、そこに自分の全部が賭《か》けられているといってもかまわない。きみが約束に対してどういう対応をするか、そのことを相手はずっと忘れないものなんだ。

（マタイ21・28〜）

IV

善く生きる

077

パンがありさえすれば、生きていけるのか

パンがありさえすれば人は生きていけるのか？　パンを買う金があれば、生きていくのに充分なのか？　人間とはそれだけの存在なのか？

食っていければ、それでいいのか？

まさか、そうじゃないだろう。

では、何だ？　きみが生きるために必要なものは何だ？

（マタイ4・4）

078

生きるということは、他者と関わることだ

生きるということは、必ず他者と関わることだ。自分とはちがう考え方をする者と関わることだ。一日一日を彼らと暮らすことだ。そして、語り、思い、行動することだ。病み、怒り、闘い、汗を流し、笑い、嘆き、生活の中であらゆる感情を味わうことだ。

そういう一日の間で、いったいきみは何を芯にして生きているのか。何をきみの判断の軸にしているのか。

それが問題なんじゃないか？　問題は日々のパンなどではないはずだ。

（マタイ4・4）

079

その程度の人生でいいのか

生きていくためには食べ物が必要だ。

そのパンを得るため、あなたがたは汗水流して働く。そしていっとき満腹になり、また空腹になって働く。

そのくり返しが人生だというのだろうか。そして老いて、いつの日か死ぬのだろうか。

人生とは、その程度のものだろうか。あなたがたは永遠とはまったくつながっていないのだろうか。それでいいのだろうか。

（ヨハネ6・26〜）

滅びの道は広い

堕落《だらく》してだめになっていくのは、想像するよりもずっと簡単なことだ。本人はこの程度ならまだいいだろうと思っているのだが、そのときにはすでに暗黒の坂道をずっと下っているのだ。

みんなが歩いている広い道をたどると、いずれそうなる。なぜならば、その道こそ、誰の目にも安易に見え、行くほどに人がどんどん増えてくるからだ。そうして、みんなで押し合いへし合いして、はじめのほうからあぶれて両脇の無限の坂道へと滑っていくのだ。

（マタイ7・13）

180

狭い道を行け

困難を選べ。らくに見えるほうを選ぶな。狭《せま》い道を行け。
あまりに孤独で泣けてきても、急峻《きゅうしゅん》な峰を目指せ。暗くて、細くて、
寒くて、つらすぎる道を行け。

（マタイ7・13）

自分を最も生かす一本の道を行け

欲を張ったとしても、きみはそのうちの一つしか実現できない。しかも、自分が精魂こめてたずさわったことのみ実現できる。欲が強すぎるために、このあたりまえのことを知らない人があまりにも多すぎる。

一人で二頭の馬に乗り、二つの弓を引くことができるかい？　それと同じことじゃないか。だから、欲を張らず、自分なりの素質と力量を最も生かす一本の道を行きなさい。

（トマス47〜）

083

素直にまっすぐに生きてみよ

素直に生きてみよ。計算高くなく、欲得《よくとく》も考えず、人としてまっすぐに生きてみよ。その生き方は輝く。

見渡してみよ。多くの人が演技をしている。地位、肩書《かたがき》、利益を求めてあくせくし、こびへつらい、誰もいなくなれば陰口《かげぐち》を叩き、見栄《みえ》を張り、ごまかし、威張《いば》り、自分は有能だと見せかけるのに必死だ。

そういう人々の中にいながら一点も染まらず、きみだけは素直に、まっすぐに生きてみよ。消えぬ光になれ。どんな影にも遮《さえぎ》られない強い光そのものになれ。

（マタイ5・14）

鳩のような素直さと
蛇のような知恵を身につけよ

鳩のような素直な生き方をしなさい。
しかし、愚かであってはならない。素直でありながらも、蛇をもしのぐ知恵を身につけていなさい。そうしないと、この世を渡ることが難しくなる。

（マタイ10・16）

愛を見出すことが救いになる

たくさんの義務と耐えがたい重労働を課せられて疲れている人よ、私のもとに来なさい。休ませてあげよう。さざ波の絶えなかった心を穏やかにしてあげよう。心からの喜びを分かちあおう。ゆったりとした眠りにつかせよう。

あなたがたが私のように生きていくなら、荷はずっと軽くなる。

そして、今までよりも多くの愛を見出すことができるだろう。それは、あなたにとって求めていた救いとなるだろう。

（マタイ11・28〜）

私はあなたの心の内にいる

私はいる。

私は、あなたがたの心の内にいる。そこにいる私を求め、私に従って生きていきなさい。すなわち、私の愛とあなたの愛がぴったりと重なるように。

そして、私の言うことを、法やノウハウにしてはならない。


（マグダラのマリア8）

087

胸の内に天国が広がらないのは、自分が他人よりもましだと思っているからだ

きみの胸の内に天国が広がらないと感じているのならば、きみが心の内で自分は他の人間よりずっとましな人間だと思いこんでいるからだよ。

その他に、数々の悪をひそかに行なっている。しかも、そのことを少しも悔《く》いていないし、別に法に違反《いはん》しているわけではないし、たいしたことなどないとすら思っている。

また、誰かを憎み、あんなやつなど死ねばいいと時々考えている。さらには、この世では金がなければ首がないのも同然だと考えているし、明らかに貧しく見える人や病弱そうな老人たちを軽蔑《けいべつ》している。

そんな人の胸に平安に満たされた天国が広がるとは、きみ自身も思わないだろう。

（ルカ18・9〜）

088

人は働いただけの報酬を得る権利がある

どういう働きであったとしても、いったん働いた以上は、その人はそれなりの賃金を得る権利がある。

誰もがそれぞれの生活をしなければならないのだから。誰もが人間らしく生きなければならないのだから。

（マタイ20・13〜）

イエスのたとえ話

「葡萄園の労働者」

葡萄の収穫の時期になった。大きな葡萄園を持っていた主人は、収穫のために働く者を雇《やと》いに朝早く市場に出かけた。

にぎわっている市場には仕事がなくてぶらぶらしている者、なすすべもなく立っている若者たちがいた。主人は彼らと話をつけ、1デナリの賃金を支払う約束をして、葡萄園に送った。

それでもまだ労働者がたりないので、9時と12時と3時にも市場に出かけて同じ賃金の約束で人を雇った。

5時頃にも主人は市場に出かけた。すると、まだ立っている男たちがいた。

「きみたちはもう仕事を終えて立っているのかね」

と主人が訊くと、彼らは悲しそうな顔をして答えた。

「いいえ、そうではありません。ずっと仕事がないのです。雇ってくれる人がいないので」

「そうか。じゃあ、私が雇おうじゃないか。賃金は1デナリだ」

「本当ですか、ありがとうございます。1デナリいただけるのでしたら、食べ物を買ってやっと家族を養うことができます」

主人は彼らも葡萄園に送った。

やがて陽が傾き、暮れ時になった。それは仕事の終わりの時間だった。

主人は会計係に労働者たちに賃金を支払うよう命じた。仕事で汗をかいた労働者たちは会計係の前に並び、それぞれが1デナリの賃金を手にした。

すると、労働者たちの間でちょっとした騒ぎが起きていた。

そして騒いでいた者らのうちから一人の労働者が主人の前まで来て言った。

「ご主人様、これはどうしたことでしょう。あまりに不公平ではないでしょうか」

「どうしたのだ。何についての不平なのか」

「私たちは朝の9時から働いています。そして、1デナリをいただきました」

「そうだね。そういう約束をした」

「しかしですね。夕方の5時過ぎから働いてもう仕事を終わった者もいます」

「確かにそうだ。彼らも同じ市場で5時頃に雇った者たちだ」

「彼らは、たった1時間しか働いていません。私たちは朝から働いています。一日中ずっと、暑さの中で働いていました」

「うん、今日は確かに暑かった」

「そういうことじゃありません、ご主人様。私たち朝から来た者たちは8時間働いたのです。それで1デナリです」

「確かにそういう契約だった」

「しかしですね、1時間しか働いていない者も1デナリを受け取っています」

と、男は語気《ごき》強く言った。

「1デナリという約束をしたからそういうことになる」

「ですから、あまりにも不公平ではありませんか。8時間働いても1デナリ。たった1時間しか働いていなくても1デナリです。損得の差が大きすぎます」

これに対して、葡萄園の主人は言った。

「きみはそういうふうに考えるのか。労働時間の長さと賃金を結びつける考え方しかしていないのだね。まあ、そういう計算もあるだろう。しかしだね、よく考えてごらん。この御時世にあって家族を養うためにはどうしても1デナリは必要になるね。だから、私が支払う賃金は1デナリなのだよ。それで食べ物を買ったり、さまざまな支払いができるようにだ。そして、葡萄園で働くみんなに対して平等に1デナリの約束をした。いったい、それのどこが不公平なのかね。それとも、きみは私の気前のよさをねたんでいるのかね」

自分を棄てれば自由になれる

自分を棄《す》てなさい。

自分とは生まれつきこういう人間なのだという自我の思いこみと、高ぶりと、開き直りをすっぱりと棄てなさい。ついでに自尊心《じそんしん》も棄て、自分の中にどっしりと詰まっている世間の価値観を棄てなさい。

それではからっぽになってしまうって？　だいじょうぶだよ。前よりも身軽になれる。なおさら自由になれる。そして、私についてきなさい。この道は、世間の道よりもずっと歩きやすい。

（マルコ8・34〜）

090

貧しい者とは
自分自身を知らない者のことだ

本当に貧しい者とは、お金や物がたりない者のことではない。

自分自身を知らない者が貧困なのだ。

なぜ、自分自身を知らないのだろうか。いつも、金や物に心を奪われていて、自分がどういう人間であるか考えたこともないからだ。


（トマス67〜）

—

091

命を与えるとは、きみが自分自身を取り戻すことだ

私は、人々を敵と味方に分けるために来たのではない。また、何かを分配するために来たわけでもない。

私は命を与えるために来た。その命とは、きみが想像する命ではない。私の言動によってきみが本当の自分自身を取り戻したとき、その命が吹きこまれる。

（ルカ12・13〜）

—

092

新しい人となって生き返ろうとは思わないのか

そこに泉があるのに、みんなは周りに立ってそれを見ているばかりだ。誰一人として泉から冷たい水を汲んで飲もうとはしない。

なぜ、そういう人々が多いのだろう。私がたくさん言葉を重ねても、さまざまなたとえで話しても、それを実践する人ははなはだ少ない。

新しい人となって生き返ろうとは思わないのか。今の世俗の垢《あか》と苦しみにまみれたままでいいとでも言うのだろうか。それほどこの世間に慣れ親しんでしまっているのだろうか。

（トマス74〜）

093

自分を自分自身に返せ

その貨幣には皇帝の顔が彫ってあるから、税金として皇帝に返すのが当然ではないか。それなのに、きみは自分を自分に返していない。

つまり、社会人になったせいなのか、きみはずっと社会人だ。外でも家でも、独りのときも社会人だ。きみ本来を忘れてしまっているのではないか。きみ自身を見失ったままではないのだろうか。きみ自身を今すぐに取り戻せ。本来の力とよさを自分に返しなさい。

（トマス100〜）

—

094

悔い改めるとは、本当に生き方を変えることだ

悔《く》い改めるというのは、ちょっと反省したり後悔したり、あるいは自分が悪かったとしきりに号泣してみせてから、また以前と同じ生活に帰っていくことではない。

悔い改めるというのは、もうきっぱりと以前のような生活をしないことだ。もっとずっと前の、知恵がつく前の素直な人間の生き方に立ち戻るということだ。そのように悔い改めるならば、世界は完全に別なふうに見えてくる。

（ルカ13・1〜）

―

095

神の国はあなたの中にある

天の遠い場所に神の国があると思って仰ぎ見るようなことはもうやめなさい。

神の国は、あなたの中にある。

自分が行なうこと、自分の胸でひそかに思うことを、自分ではっきりと見つめなさい。そして言動《げんどう》において自分自身を正しく支配したとき、あなたはまさに豊かな神の国に住んでいるのだ。


（トマス3）

096

あなたの心が愛に染まれば、そこが天国だ

私に、天国の場所を訊いてくる人は愚かだ。天国は場所ではない。状況だ。そこにいる人の心のありさまだ。心と行ないが愛に染まっている状態だ。

（トマス24）

—

097

天国は地上にある

天国を待ち望んでいる人はあまりにも愚かであり、怠け者でもある。誰か特別な人が天国を運んできてくれるように考えているし、また、実際にそういう国があると思いこんでいる時点で何も理解していないからだ。

天国は、自分が愛を中心にする生活を始めたとたん、そこにありありと現れるのだ。

その意味で、天国は最初から地上のどこにでも広がっている。

（トマス113～）

098

この世に慣れてしまった者は天国に入りにくい

かつて私は、「あとから来た者が天国に入り、最初に来た者があとから天国に入るだろう」と語った。これはたとえである。天国に入る人がゆずりあうからそうなるのではない。

いつもその人自身である人間から天国に入るということだ。したがって、この世に慣れて染まった者ほど天国に入りにくいということになる。もちろん、幼児はそのままで天国の住人だ。

（トマス４）

—

099

実りのある人間であれ

肥料を与えても実をつけないイチジクの木は切り倒される。
私は願っているよ、きみが実をつけるイチジクの木であることを。
私はきっときみのつけた実を喜ぶだろう。

（ルカ13・6〜）

100

聞く耳を持たない人には何を言っても無駄だ

種を石の上にまく農夫はいない。種は肥沃《ひよく》な土地にまかれるから芽生える。

石とは何か。自分こそまともだという自信に溢れている人だ。肩書《かたがき》や地位に満足している人だ。聞く耳を持たない人のことだ。

彼らにあっては、私の言葉や行ないなど、石の上にまかれて干《ひ》からびてしまう種のようなものだ。

（マルコ4・3〜）

V

愛する

101

幸せとは、人を愛すること

きみは、幸せという言葉の意味がわかっていないかもしれない。たぶんきみは、多くの財を持ち、名誉もあり、友人に恵まれ、健康であることが幸せだと思っているかもしれない。

しかし、私はきみに言う。

幸せというのは、人を愛することだ。

（ルカ11・28〜）

愛を求める人はいつか愛される

愛を求める人はいつか幸せへとたどりつく。
なぜならば、この世での愛の少なさがわかり、自分からもっと愛そうとするからだ。その愛は広がりに広がり、やがてたくさんの愛にまみれることになるだろう。

（マタイ5・6）

103

新しい世界はすでに来ている

「いったい、いつになったら新しい世界が来るのか」と訊くのか。

では、明かそう。その日がもう来ていることを私はずっと告げてきた。それなのに、あなたはまだ気づきもしない。

しかしもし、あなたがいつも愛からの行ないをするならば、愛で誰にも接するならば、あなたはその新しい世界に住んでいることになる。

（トマス51）

104

あなたの敵をも愛せ

嫌われる悪人ですら、自分を愛してくれるものを愛する。だから、あなたはそれ以上のことをするのだ。あなたを敵視する者をも愛せ。

（ルカ6・32〜）

最も重要な掟は愛することだ

最も重要な掟《おきて》とは何か。
愛することだ。愛のみがすべてを充足《じゅうそく》させ、完成させる。

（マタイ22・37～）

106

私が与える新しい掟は「愛し合え」だ

掟《おきて》というものの多くは禁止の形だ。何々してはならないと告げる。たとえば、殺してはならない、盗んではならない、裏切ってはならない、といったふうに。

しかし、私が与える新しい掟は禁止の形をとらない。その掟とは、「愛し合え」だ。

私が教えた愛で、あなたがたは互いに愛し合いなさい。何があったとしても、愛しなさい。

（ヨハネ13・34〜）

欲望を動機にしてもうまくいかない

欲望を、動機とするな。利害に動かされるな。
いつでも、どんなときでも、分けへだてのない愛に動かされよ。
（トマス7～）

108

愛のある行ないをするだけなのに

きみたちは、神など見たことがないと言っているね。もちろん神の言葉も聞いたことがないと思っている。

いや、神の言葉を知っているはずだ。私を通してたくさん聞いてきたじゃないか。だから、きみたちは神を知っている。

神が何を望んでいるのか、どう生きればいいのか、すでによく知っている。それなのに、なぜそれを実行しないのか。神が望むのは愛のある行ない、たったそれだけのことなのに。

（ヨハネ14・7〜）

人を本当に愛する心の中に神は住んでいる

きみが人を本当に愛するのなら、きみの中に私も神も住んで生きている。

（ヨハネ14・24）

愛によって新しい知性が育つ

愛の行ないを中心にして生きることを始めるならば、きみの知性は高くなるだろう。物事の別の面が見えるようになり、今までまったく知らなかった意味や価値を見出すようになるからだ。

そのときには、今まで心に厚くまとわりついていた世間の鎧《よろい》が砕《くだ》け散り、新しく生まれた自分が現れている。そのことに、自分よりまず周囲の人間が気づいて驚きを抱くだろう。

（ヨハネ16・13）

神とは愛のことだ

きみたちはみな知っている。「神にだけ仕《つか》えよ」と教えられ、伝わってきた。

その神とは、愛のことだ。

愛があるならば、支配しない。支配せずに、共に生きる。共に悲しみ、笑い、共に食べ、やさしい心で話しかける。

それがすなわち、神に仕えることだ。


（マタイ4・10）

—

112

悲しんでいる人はやがて癒される

悲しんでいる人はやがて心が癒《いや》される。誰かが慰めてくれるからだ。誰かが来なくても、小さな動物の鳴き声が、風景の中のささやかなものが、ちょっとした偶然が慰めてくれる。

それは愛を受けることだ。愛を受けるほど幸せなことはない。世には愛に飢えている人がたくさんいるのだから。

（マタイ5・4）

愛は所有の考えを消滅させる

そこに愛があるならば、これはきみのものとか私のものとは言わなくなる。つまり、愛はすべてを溶かすから、所有の考えがなくなってしまう。

（フィリポによる福音書110b）

愛の力

二人が本当に愛で結ばれ、他の人々を愛するよう努めるならば、この二人は多くの偉大《いだい》なことができるようになる。

（トマス48）

115

世間体も損得もなく愛だけで行なえ

奇蹟《きせき》とは、愛が充ちることだ。
世間体や損得がまったくなく、愛だけで行なうならば、それは大いなる奇蹟だ。

（トマス29）

116

すべてを愛することによって自分自身を救え

　これから私の名前を名乗る者が多く現れるが、彼ら詐欺師《さぎし》を信じるな。彼らは予言をしたりするが、それも信じてはいけない。彼らは人をだまして金を集めるだけの商売人だ。
　そういう詐欺師が増える時代には、多くの国々で戦争が起き、国民どうしが争い、地震や飢饉《ききん》も起きる。しかし、あわてるな。まずは、自分を救いなさい。すべてを愛することによって、自分自身を救いなさい。

（ルカ21・8〜）

生命の水を飲め

喉《のど》が渇いたら、水を飲む。ずっと水を飲まないでいれば死んでしまう。
生きるために水を飲め。泉から。滾々《こんこん》と水が湧き出る泉から。
もちろん、きみはもうこのたとえの意味がわかっているね。

（ヨハネ4・7〜）

118

愛のある生き方をするようになることが神の御業だ

きみたちは、「神の御業《みわざ》」という言葉を聞いたことがあるだろう。

そして、神の御業というほどなのだから何か自然を動かすような大規模で驚異的な働きのことだろうと想像しているのかもしれない。

しかし、そうではない。大きな神の御業とは、人が自己の欲望ではない愛を知り、その愛の力を信じて疑わない新しい生き方をするようになることなのだ。

（ヨハネ6・29）

119

悪の根源にあるのは愛を知らないことだ

悪の根源にあるのは、いつも無知である。
何についての無知か。愛を知らないということだ。

（フィリポによる福音書１２３ｃ）

120

宗教的な形式ではなく、愛が大切なのだ

祈りだとか断食だとか、何か宗教的な儀式やふるまいをすればすむと考えないでくれ。それこそ、なんでもかんでも、外形だけ似せてすませようとする汚れた世間のいつものやり方というものだ。敬虔《けいけん》の身振りや形が何だというのだ。手順の何が重要だというのだ。肝心の心は、どこへ行ったのか。だから、愛が不毛の地になってしまったのではないか。

（トマス104〜）

イエスのたとえ話

「放蕩《ほうとう》息子の帰還」

ある裕福な人に二人の息子がいた。ある日、その弟のほうが父にこんなことを言った。

「お父さん、私がもらうべき財産を今いただけませんか」

父は少し驚いたものの、結果として息子たちに残すべき財産をちょうど二分し、それぞれを二人の息子たちに与えた。

それから数日もたたないうちに、弟のほうがふいにいなくなった。彼は自分の荷をすべて持って遠い国に旅立ってしまったのだった。

父はうろたえて外に出てみたが、もう息子の姿は見えなかった。翌日も父は外に出てみた。ひょっとしたらという思いがあったからだった。しかし、眼に入るのは牧草を食べている牛や使用人たちの働く姿ばかりだった。

さて異国に行った弟は自分が大金持ちになったように錯覚し、旅先の地で浮かれまくり、酒やふるまいや女のために金を払うのを惜しまなかった。

毎日おもしろおかしく遊んで暮らしているうちについに金は少なくなった。もう少しくらいは遊べるだろうと思ったときにはもう、父から分けられた財産はほんのわずかばかりになっていた。ちょうどそのときだ、その地にひどい飢饉が起こり、人々は食べるものにも困る状態になった。

どうにかしなければならないと思った彼はついにその地の地主のところへ行って懇願《こんがん》し、ようやく豚を飼う仕事にありついた。しかし、食べ物はあまりに乏しかった。いっそ豚の餌であるイナゴ豆を食べようかと思うほどひもじい状態が続いた。

空腹に耐えかねた彼はようやく我に返って溜《た》め息をつくと、独り言をつぶやいた。

「なんてことになってしまったのか。……ああ、お父さんのところでは、たくさんの使用人がいるし、食べ物はそれ以上にあり余っている。それなのに、息子の自分はこんな場所で飢え死にしようとしている。なんてことだ。そうだ、もう帰ろう。ぐずぐずしていないでお父さんの元に帰ろう、赦《ゆる》してもらえないかもしれない。それも当然のことだ。しかし、素直にあやまっておきたい。どうせ死ぬにしても故郷の地を一目見てから死にたい」

そうして弟は来た道をとぼとぼと戻り、すっかり痩せてしまった姿でなつかしい故郷の地を踏んだ。あともう少しで父の家が見えるかどうかという場所までたどりついた。すると、遠くに人影があった。

その人影が走り寄ってきた。まごうかたなく、父だった。少しばかり年老いた父は太い腕で息子の首を抱き、嬉し涙を流しながら口づけを浴びせた。

「こんな嬉しいことがあるものか。まるで夢のようじゃないか。遠くへ行ってしまったあの息子が帰ってきた、帰ってきた」

息子は驚いて言った。

「お父さん。すみません。私はもう息子と呼ばれる資格がありません。お父さんや天にそむき、悪い遊びを続けてついには全財産を失ってしまったのですから」

しかし、父は意にも介さず、すぐに使用人たちに命じた。

「さあさあみんな、宴会の準備をしなさい。この息子のためにいちばん高い着物を出しなさい。指輪をはめ、履《は》き物も持ってくるように。それから、太った子牛がいたはずだ。あれを食べよう。この子は死んでいたのに生き返ったのだ。こんな喜びはあるまい。さあさあ、豪華な宴会を開こうじゃないか。音楽を奏《かな》で、踊り子も呼ぼうじゃないか」

畑仕事から戻った兄は家の中があまりに騒がしいのでいぶかしんだ。使用人にそのわけを尋ねると、いなくなった弟さんがひさしぶりに帰ってきたのですから宴会を開いているのですと言った。

驚いた兄はなかなか家に入ろうとしなかったが、やがて父が兄を迎えに出てきた。兄は憤慨した顔で父親に向かって思わずこう言った。

「お父さん、私はずっとこの家に仕えてきました。言われたことはきちんと守り、散財もしていません。それなのに、たまに私が友人たちを招いて祝宴を開いても、お父さんは子ヤギの一頭もくださいませんでした。それなのに、放蕩の限りを尽くした弟が帰ってきたからといって、高価な子牛を殺して食事に出す、これはあまりに不公平ではありませんか」

するとうなずいた父は兄をなだめながら言った。

「おまえの言い分はよくわかる。私とおまえはいつも一緒に暮らしてきた。おまえはいつも立派だった。財産を分けはしたが、すべてはおまえのものじゃないか。しかし、考えてごらん。おまえの弟は死んでいたはずだったのに生き返って戻ってきたのだよ。ひさしくいなくなっていたのに、とうとう見つかったのだよ。どうして、これを喜ばずにいられようか。おまえはこんな私の気持ちがわかるだろう」

幼児が最も偉大な者だ

人間はまったく不思議なものだ。十数人も集まると、順列をつけたがる。誰が偉いかとか、誰が新参《しんざん》で下っ端だろうかとか言いだす。

私はこれまで幾度も言ってきたではないか。愛の国においては、最も偉いのはこの幼児だと。最も小さく、最も素直で、一つの邪心もないから偉い者なのだ、と。

（ルカ9・46～）

122

愛があれば言葉は出てくる

人をたぶらかすつもりならば、前もって何を言うべきか十分に練習を積んでおくだろう。

しかし、私を信じ、愛によって動かされる生き方を始めたあなたがたならば、何も考えておかなくてもだいじょうぶだ。そのときの自分の気持ちと考えをそのまま述べればいいのだから。愛が代わりにしゃべってくれる。

（マタイ10・19〜）

愛は愛で理解する

理性を用いても私の言っていることは理解できないだろう。
なぜならば、理性は、この世の道理を理解するためにあるからだ。
私の言葉をそのままにしてわかるのは霊だ。いや、言い換えよう。
愛だ。

（ヨハネ6・63〜）

この世は愛を軽んじている

この世は、愛を軽んじている。愛することを暇つぶしや酔狂《すいきょう》のようにみなしている。

愛よりもずっと価値があると宣伝して、いろんなものを売り出している。愛などにかまけていると金持ちにはなれないと説いている。この時代、愛の国は激しく襲われている。

（マタイ11・12〜）

125

世間の事柄に心を奪われていると、愛はわからない

私がこのようにして日常のたとえを使って話していても、わからない人は少なくない。なぜわからないかというと、他の事柄に心を強く奪われているからだ。そのため、それ以外のことは目に見えず、聞こえもしないのだ。

だから、いつか彼らが真剣な気持ちから本当の愛を探し始めたとしても、不幸にも彼らはそれを容易に見つけることができないだろう。彼らはみずからに報いをもたらしたことになる。

（マタイ13・10〜）

126

かたくなな心が砕ければ、愛がわかる

かたくなな性質を持っている人ほど、愛がわからない。しかし、かたくなであっても、その心がいったん砕ければ、とたんに真の愛がどういうものかはっきりわかるようになる。

むしろ、世間でいやしいとさげすまれる職業に就いている人や売春婦ほどそういう人が多いし、商売人や為政者よりずっと先に愛の国に入ることができる。

（ヨハネ12・40）

127

愛を雨のように降らせよ

雨は誰の上にも降る。涙を流している者の上にも、悪人の上にも、喜びに打ち震えている者の上にも。
あなたがたの愛も、そんな雨と同じであるように。

（マタイ5・45〜）

VI

世間の価値観を疑う

128

世間の価値を信じるな

この世間というものは、永遠に通用しないガラクタばかりが我が物顔をしていて、死体の骨の山のようなものだ。

すなわち、今の時点でしか効力のない法律による裁き。大衆の勝手な都合に合わせた善悪と倫理。非情に、あるいは不当に稼がれた多くの金銭。外見の差別。外側だけ飾り立てた美しさや威厳《いげん》。暴力的な若さ。力による制圧。自己中心主義。脅迫的な全体主義……。

（トマス56）

私は平和をもたらしに来たのではない

私は平和をもたらしに来たのではない。平和ではなく、剣《つるぎ》を手に来た。

私の考え方、私の言うことは、おおいに違和感や反撥《はんぱつ》をもたらすだろう。この世に慣れた人々の価値観を逆撫《さかな》でしているからだ。

私は多くの人々の今の考え方を否定する。そうではないのだと剣で斬る。

(マタイ10・34)

世間の目ばかり気にしているから大切な言葉が耳に入らない

生きていくための助けになるような、とても大切な言葉が話されているのに、聞こえないいんだね。話された言葉の意味が少しもわかっていないいんだ。

理由ははっきりしているよ。

ふだんから世間のことばかり気にしているからだ。何をすれば誰からどう見られるか、どんな商売をすればらくに儲《もう》かるのか。どうすれば得になるか、損をするか。

そんな世間のことばかりにかまけているから、大切な言葉の大切な意味がわからなくなるんだ。

そのままだと、結局は自分の人生を棄《す》てることになってしまうぞ。

（マタイ13・22）

「世間教」という邪教

「敵をも愛せよ」という私の教えをあなたがたは聞かない。聞いても、顔をそむけてせせら嗤《わら》う。「ずいぶんと奇妙な教えだ」と腹の中で思っている。

あなたがたは私の言葉を、世間的な価値観で判断しているからだ。だから、「敵を愛すればこっちの損ではないか」と考える。あるいは、「敵対する相手を愛したりすれば他の人々からなんと思われるかわからない」と考える。

そうなのだ、あなたがたは世間での価値や評判を神として仰ぐ世間教という昔からある邪教の信者なのだ。

（ルカ6・27〜）

132

世間の価値観に従っているうちは
世間の苦しみから逃れられない

私はこの世の者ではない。しかし、きみはこの世の者だ。なぜ、きみがこの世の者かというと、生きているからという意味ではなく、世間で言われていることにそのまま従っているからなんだ。人真似ばっかりしているし、世間が考えている価値観や善悪をおおむね正しいと思っているからさ。そして、自分だけ得をして、いつか有名人か大金持ちになりたいと思っているのもこの世の者の特徴なんだよ。

きみがそういうふうにこの世の者である限りは、この世で多くの人たちが受けているのとまったく同じ悲しみと苦しみと死を味わうことになるんだよ。

（ヨハネ8・23）

133

私のように自由に生きてみないか

こんな世の中に従ってずっと生きてきて苦しくはないか。

何をしても批判する人々がいる。少し手違いでもすれば責められる。誰もが自分には甘く、他人にはことさら厳しい。どこに行っても競争と奪い合いがある。休みの日があっても、心は休息していない。生まれながらに身分や階層が決められ、平等とは名ばかりだ。

この世に属するとはそういうことだ。私はこの世に属していない。だから、私はこの世が知らない自由を知っている。どうだ、きみたちも私と同じようになってみたくはないか。

（ヨハネ8・23〜）

134

私と同じ生き方をしてみよ

少しでいいから、たった一日でいいから、私といてくれないだろうか。つまり、私と同じ生き方をしてみてくれないだろうか。

そうすれば、今まで隠されていたことが、きみに現れてくるから。

それが、私がきみと今ここに生きているという証拠にもなる。

（トマス108～）

135

目の見えない人が生み出すもの

生まれつき目の見えない人がいる。その人について世間の人々は、両親の罪のせいだとか、血統《けっとう》が悪いからだとか噂話をする。そんな因《いん》果応報《がおうほう》の悪口を叩くのはもうやめることだ。

目が見えないのは何か過去の罪の結果としての罰ではない。その人の目が見えないことによってかえって周囲の人に新しいやさしさや愛が生まれるというふうに考えてみたらいいじゃないか。また、目が見えるということについてあらためて考えさせられもするだろう。

もし、誰もが目の見える世界だったらどうだったろうと想像してみたことはないかな。たぶん、今の世界よりももっと差別の多い残酷で陰惨《いんさん》な世界になるかもしれない。

（ヨハネ9・1〜）

136

惰性の付き合いや金銭欲が真実の愛を見えなくしている

あなたの耳も目もふさがれている。だから、真実の愛が見えないし、真実の言葉が何を語っているのかを理解できない。

あなたの耳と目をふさいでいるのは、近所や知り合いとのしがらみや付き合いだ。それから、少しでも多くの金銭を得ておきたいという気持ちだ。その二つが、あなたをすこぶる鈍感にしているのだ。

そのままだと、この人生に有益な実りは得られなくなる。何の見返りも求めない純粋な愛がどういうものか、いつまでたってもわからないままでいることになる。

（マタイ13・21〜）

137

因習よりも今ここに生きているあなたの生き方が大切だ

古くからの伝統やならわしのすべてがよいわけではない。

長い時間にわたって人々の生活とともにあったものだとしても、それが世間での生き方の要領《ようりょう》のために生まれたものであるならば、新しい生活を始めようとするあなたを妨害《ぼうがい》するものとなりえる。

墓に埋葬されている多くの古人が大切なのではない。今ここに生きているあなたの生き方こそ大切なのだ。

（マタイ15・1〜）

138

世間に自分を合わせようとするな

私はかつて、「何を着ようと思いわずらうな」と語った。

あのたとえの意味がわかっているのだろうか。着衣にかまうなという意味ではない。

今日は何を着ようかといろいろ考えるのは、この社会における自分を考えるということだ。すなわち、社会を重要視し、社会という世間に自分を合わせようとしていることだ。

そんなふうだから、真の愛がわからないのだ。愛を知りたいというのなら、自分の身と心から世間を脱いで裸になってみよ。無邪気な幼児たちのように。


（トマス36、37）

139

世間的なものをいっさい棄てよ

きみに訊きたい。いつまで自分の故郷にこだわるのだろう。どうして、いつまでも自分の血筋や出身にこだわっているのだろう。

きみは、世間的なものいっさいを棄《す》てて、私についてくると言ったじゃないか。きみは自分自身を新しくしたいと望んだじゃないか。

（トマス55～）

140

この世の価値観とは違う真実を見せてあげよう

この世での毎日に疲れたなら、私のもとに来なさい。どうすれば平安に満たされるかを教えよう。この世での愛に疲れたなら、私のもとに来なさい。本当の愛がどういうものか見せてあげよう。

そして、私はあなたの味方になろう。また、あなたを疲れさせたこの世のどろどろした価値観とは違う真実を見せてあげよう。

（トマス90〜）

私はこの世の価値や習慣を壊す

私は、この世を壊す。

この世の価値、その価値から生まれた風習、その風習から生まれた習慣を壊す。私の言動のために、この世には罅《ひび》が入る。その罅から亀裂が生まれ、世界が割れる。

（マルコ14・58〜）

142

子供の状態に立ち返れ

この世でのずるさをすっかり身につけてうまく立ち回ってあくどく儲けている化け物のような人であっても、そもそもは純真な子供だったのだ。

私の望みは、彼がその子供の状態に立ち返ることなのだ。それが最終地点だ。最初のその姿こそ、彼の最終の姿なのだ。そこには、この世で恐れられている死もなくなっている。

（トマス18〜）

143

何が正しいのか、自分で考えてみよ

たぶん、きみは正しさということについて自分で考えてみたことがないのだと思う。きみを養ってきた親や他の偉そうな年配者が口にする正しさ、あるいは世間で言われている正しさが、本当の正しさというものなのだろうと思いこんでいるのだろう。

言っておくけれども、この世で定められた法律が正しさを決めているわけではない。伝統や因習の正しさというのも、その時代の人々が勝手に決めた正しさにすぎないんだ。

だから、きみ自身が独力で考えてごらん。何が真の正しさかということを。

（ルカ12・57〜）

法に触れなくても悪は悪だ

あなたがたは簡単に人をののしる。他人をいじめ、のけ者にし、遠回しに死に追いやる。法律で罰せられない限り、あなたがたはぎりぎりの悪を犯すのをためらわないのだ。
しかし、現行の法がそういうあなたがたを無罪だと赦《ゆる》したとしても、この私だけは赦さない。

（マタイ5・21〜）

145

法律は人を生きやすくするためにある

人間の生き方に枠《わく》をはめ、不自由にするために法があるのではない。法があるのは、人の生命と自由を守り、人を生きやすくするためでなければならない。

法は人を罪に定めるためにあるのではないし、人の自然な行ないを罰するためにあるのではない。法はどんな場合でも、生身《なまみ》の人間の下にあるものでなければならない。

（マタイ12・3〜）

法に頼るな

ゆめゆめ法をあがめてはいけない。法は真の正義ではない。法は、この時代の世間の人々が自分たちのつごうのよいようにつくりあげた世間的な習俗《しゅうぞく》でしかないからだ。
法に頼るほどに社会は歪み、心は苦しくなる。

（トマス43）

人を裁いて自由や命を奪うのは正しいことなのか

なんらかの罪を犯したからといって、人を裁判にかける。そして量刑を決め、監禁したり、殺したりする。これは人間にふさわしいことなのだろうか。その裁量《さいりょう》はどこまで正しいと言えるのだろうか。

誰がどれほどの罪を犯したかという裁判の判断の根拠《こんきょ》自体、実はその時代の風潮《ふうちょう》が決めているのではないか。

だとすれば、時代が変わるつどに罪の重さも変わってくる。そんなあやふやなものなのに、その罪の代償として人間一人の自由や命を奪いとっていいのだろうか。

私はそういう残酷で非人間的な裁き方を「肉による裁き」と名づける。肉のようにいつかすたれはてるものを基準にしたあまりにも非情な裁きだからだ。

（ヨハネ8・15）

復讐を裁きと言い換えているだけだ

復讐《ふくしゅう》の権利は神にあって人間にはない。それを忘れてはいけない。きみたちの制裁は、名称こそ変えてあるが、社会的な復讐そのものではないか。

（ヨハネ8・15）

どれだけ人を殺せば気がすむのか

まったくどれだけ人を殺せば気がすむというのか。

自分たちと見た目がちがうというだけで殺す。考えや教えが異なれば殺す。自分たちの耳に痛いことを述べる者を殺す。自分たちの地位や体制が崩れるからといって殺す。昔からどれだけの血が流されてきたことか。

このような時代は必ずや糾弾《きゅうだん》される。

（ルカ11・47）

金と力から天国は生まれない

暴力が吹き荒れたのちにもたらされる平和は見かけだけのものだ。強制や制度によって生み出された規律や倫理はうわべだけのものだ。

今では金によって人々をなびかせ、力ずくや演説《えんぜつ》で人々を従え、まるで勝ち誇った王であるかのような人が天国について自慢《じまん》げな顔で話をする。

（マタイ11・12）

人を愛さない宗教に意味があるのか

宗教関係者よ、あなたがたはたくさんの献金をしている。礼儀やふるまいも立派だ。いや、そういう態度をすることで、上席に座らされるのを喜んでいる。そして、肩書《かたがき》がさらに立派になることをも目指している。

しかし、実際には人を愛していない。執拗《しつよう》な自己愛と傲慢《ごうまん》があるばかりで、あなたがたの神をも愛していない。そういうあなたがたの宗教とはいったい何なのか。

（ルカ11・42〜）

永遠なものを受け取れ

いつか必ず無効になるものをきみは信じている。

この世が与えるものはどれもこれも時間と効力が限定されている。

あるいは途中で腐っていく。そういったものを信じ、頼っているならば、きみはいつかすべてを失うことになる。

だから、私が与えるものを受け取りなさい。それはいつまでたっても有効なままだから。


（ヨハネ6・35～）

参考文献

フェデリコ・バルバロ訳『聖書』　講談社
フランシスコ会聖書研究所訳注『新約聖書』　中央出版社
荒井献他訳『福音書　ナグ・ハマディ文書Ⅱ』　岩波書店
ロドルフ・カッセル他編著、藤井留美他訳『原典ユダの福音書』　日経ナショナルジオグラフィック社
カレン・L・キング、山形孝夫他訳『マグダラのマリアによる福音書』　河出書房新社
荒井献編『新約聖書外典』　講談社文芸文庫
荒井献『トマスによる福音書』　講談社学術文庫
R・アラン・コール、山口昇訳『ティンデル聖書注解　マルコの福音書』　いのちのことば社
R・アラン・コール、山口昇訳『ティンデル聖書注解　マタイの福音書』　いのちのことば社
Die Bibel nach Martin Luther　Deutsche Bibelgesellschaft

超訳　イエスの言葉　エッセンシャル版

発行日　2018年12月30日　第1刷

Author　白取春彦
Book Designer　カバー　廣田敬一（ニュートラルデザイン）
本文　山田知子（Chichols）

Publication　株式会社ディスカヴァー・トゥエンティワン
〒102-0093 東京都千代田区平河町2-16-1
平河町森タワー 11F
TEL 03-3237-8321（代表）
03-3237-8345（営業）
FAX 03-3237-8323
http://www.d21.co.jp

Publisher　干場弓子
Editor　藤田浩芳

DTP　アーティザンカンパニー株式会社
Printing　日経印刷株式会社

ISBN978-4-7993-2408-0